W0076310

Liebe Eltern,

jedes Kind ist anders. Eines kennt bereits alle Buchstaben in der Vorschule und kann sie zu Worten formen. Ein anderes lernt das ABC beim Eintritt in die Schule. Für das spätere Leseverhalten ist das völlig unerheblich. Wichtig aber ist der Spaß am Lesen – und zwar von Anfang an. Darum muss sich die konzeptionelle Entwicklung von Lesetexten an den besonderen Lernentwicklungen des einzelnen Kindes orientieren.
Wir haben deshalb für unser Bücherbär-Erstleseprogramm verschiedene Reihen für die Vorschule und die ersten beiden Schulklassen entwickelt. Sie bauen aufeinander auf und holen die unterschiedlich entwickelten Kinder dort ab, wo sie sind.

Die Bücherbär-Reihe *Kleine Geschichten* richtet sich in der Regel an Leseanfänger im zweiten Halbjahr der 1. Klasse. Die kurzen Geschichten rund um ein beliebtes Thema sind besonders gut zum allerersten Selberlesen.

Ulrike Kaup
Mammutjäger-Geschichten

Dieses Buch gehört:

Ulrike Kaup
wurde in Gütersloh geboren. Sie studierte
Germanistik und Sozialwissenschaften in Münster.
Danach ging sie ins Ausland und lebte unter anderem
ein halbes Jahr in Australien. Sie ist Realschullehrerin
und schreibt Kinderbücher.

Markus Spang
wurde 1972 in Karlsruhe geboren. Nach einem Ausflug
in die Philosophie und Kunstgeschichte studierte er
Illustration in Krefeld und Münster. Heute lebt und
arbeitet er in Karlsruhe als freier Illustrator.

Ulrike Kaup

Mammutjäger-Geschichten

Mit Fragen zum Leseverständnis

Mit farbigen Bildern
von Markus Spang

FSC®
www.fsc.org

MIX
Papier aus verantwor-
tungsvollen Quellen
FSC® C022125

1. Auflage 2012
© Arena Verlag GmbH, Würzburg 2012
Alle Rechte vorbehalten
Einband und Illustrationen: Markus Spang
Gesamtherstellung: Westermann Druck Zwickau GmbH
ISBN 978-3-401-09771-8

www.arena-verlag.de

Inhalt

Die Magie des Feuers

Saito hielt den Atem an.
Er hatte Stimmen gehört.
Ganz in der Nähe
mussten Menschen sein.
Vorsichtig spähte er
zwischen den Bäumen hindurch.
Vor drei Tagen hatte er
seine Horde verloren,
als er einen Hasen
erlegen wollte.
Das Jagdfieber
hatte ihn gepackt
und immer tiefer
in den Wald gelockt.

10

Aber die Stimmen
da unten am Fluss
waren nicht die Stimmen
seiner Brüder und Schwestern.
Sollte er sich trotzdem zeigen?
Der Regen hatte das Ziegenfell
längst durchweicht,
das er zum Schutz
über Kopf und Rücken
geworfen hatte.

Er sehnte sich nach Erbsenbrei
mit einem kräftigen Stück Fleisch.
Mutig ging er
auf die fremde Horde zu.
Da erblickte ihn ein Mädchen,
das an einem Feuer saß.
Doch bevor er etwas
sagen konnte,
sprang es plötzlich auf
und ergriff ängstlich
einen Stock.
Dabei stieß es so heftig
an ein Gefäß mit Wasser,
dass es umfiel.
Wasser ergoss sich
über die Feuerstelle
und löschte
die Flammen.

„Keine Angst!", sagte Saito.
„Ich habe meine Horde
verloren und . . ."
Das Mädchen aber
unterbrach ihn.
„Das Feuer! Das Feuer!",
jammerte es.
Hilflos ließ es sich
auf die Knie fallen
und blies immer wieder
in die Feuerstelle.

„Was tust du da?",
fragte Saito verwundert.
„Eine erloschene Glut
kann selbst der Wind
nicht mehr zum Leben erwecken."
„Aber ohne Feuer
sind wir verloren",
sagte das Mädchen.
„Die großen Mammuts
werden uns angreifen.
Kälte wird
in unsere Glieder kriechen,
bis das Blut gefriert.
Und wenn mein Vater
und meine Brüder
zurück sind von der Jagd,
finden sie
nur noch leblose Körper."

Jetzt erst begriff Saito,
warum das Mädchen
so verzweifelt war.
„Kannst du denn
kein Feuer machen?",
fragte er erstaunt.
„Das kann nur Falbo,
mein Vater!",
antwortete es.
Da nahm Saito
zwei Steine
aus seinem Beutel.
„Wie heißt du?",
fragte er freundlich.
„Lurini",
antwortete
das Mädchen.

16

„Hol ein paar trockene Zweige!",
sagte er.
Lurini tat,
wie ihr geheißen wurde,
und legte die Zweige
zu einem Haufen zusammen.

Dann schlug Saito den Feuerstein
so lange gegen den Schlagstein,
bis kleine Funken
in die Zweige hüpften.
Jetzt brauchte er nur noch
ganz vorsichtig zu pusten.
Endlich stieg Rauch auf,
und bald folgte die Flamme.
„Danke", sagte Lurini.
Ihre Stimme klang jetzt
ruhig und sanft.
Gar nicht mehr ängstlich.
Und ihr Lächeln berührte Saito
wie der erste Sonnenstrahl
an einem Frühlingsmorgen.

☞ Warum ist das Mädchen
Lurini so verzweifelt?

Eine ganz besondere
Mammutgrube

Als Rion die Höhle betritt,
weiß er gleich,
dass er eine Entdeckung
gemacht hat.
So eine Höhle hat er
noch nie gesehen!
Er zögert nicht lange
und läuft ins Lager,
um Sandor, Kerk und Elgor
zu holen.

„Ihr müsst sofort mitkommen",
ruft er atemlos.
„Eine Höhle mit Zeichen!
Bestimmt wohnen dort
Waldgeister."
Sandor ist gerade dabei,
eine Steinaxt fertig zu stellen.

20

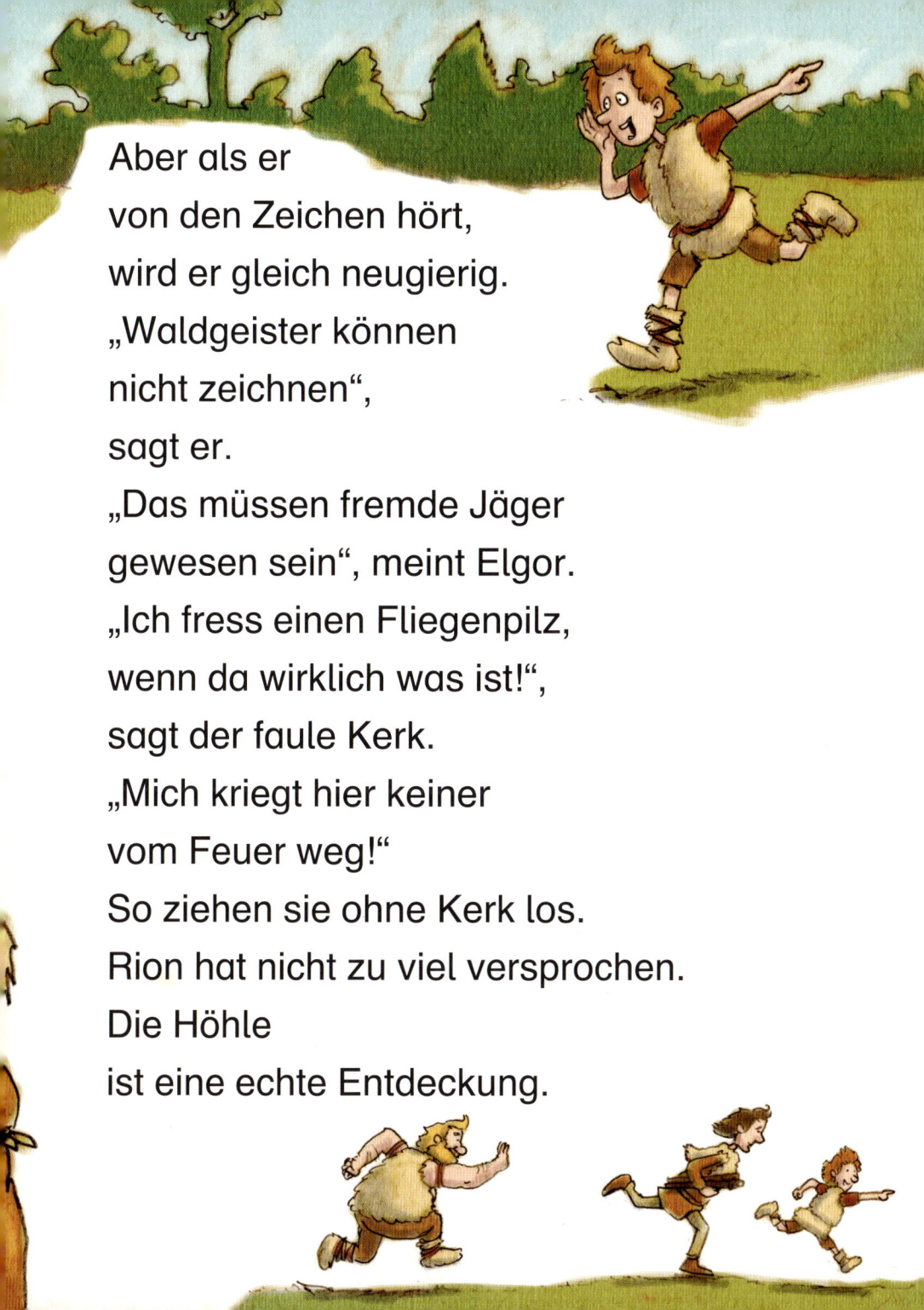

Aber als er
von den Zeichen hört,
wird er gleich neugierig.
„Waldgeister können
nicht zeichnen",
sagt er.
„Das müssen fremde Jäger
gewesen sein", meint Elgor.
„Ich fress einen Fliegenpilz,
wenn da wirklich was ist!",
sagt der faule Kerk.
„Mich kriegt hier keiner
vom Feuer weg!"
So ziehen sie ohne Kerk los.
Rion hat nicht zu viel versprochen.
Die Höhle
ist eine echte Entdeckung.

„Gut, dass du uns gerufen hast",
sagt Sandor.
„Diese Zeichnungen
sind sehr wertvoll für uns.
Sie zeigen uns den Pfad,
den die Mammutherde
nehmen wird."
Und Elgor ergänzt:
„Siehst du das, Rion?
Wenn die Blätter der Bäume
ihre Farbe wechseln,
werden die Mammuts
zum großen Fluss ziehen."

Am Abend sitzen alle
um das Feuer herum
und machen Pläne.
„Wir müssen
ein Mammut erlegen",
sagt Sandor.
„Dann haben
unsere Frauen und Kinder
viele Monde lang
genug zu essen."
„Aber ich kann kein Blut sehen",
sagt der faule Kerk.

Elgor, der beste Jäger der Horde,
hat einen anderen Vorschlag.
„Wir können doch ein Mammut
mit Fackeln zum Abhang treiben.
Dann stürzt es zu Tode."
„Aber ich habe Höhenangst",
jammert Kerk.

„Oder wir heben eine Grube aus",
meldet sich Rion zu Wort.
„Das ist eine gute Idee",
stimmt Elgor zu.
„Nach dem Regen
ist die Erde schön weich.
Lasst uns gleich morgen anfangen."
„Aber mein großer Zeh tut weh!",
wimmert Kerk.
Bereits im Morgengrauen
machen sich Sandor, Elgor und Rion
auf den Weg zum Fluss.
Es dauert viele Stunden,
bis sie eine tiefe Grube
ausgehoben haben.
Rion darf mithelfen,
sie mit Ästen zu tarnen.

Jetzt heißt es warten
und auf Beute hoffen.
Jeden Morgen
laufen Rion und Sandor
beim ersten Sonnenstrahl
zur Mammutgrube.
Endlich, nach sieben Tagen,
haben sie Glück.
Doch in der Grube
sitzt kein Mammut
und auch kein Woll-Nashorn
und auch kein Wildschwein,
sondern . . . Kerk!

„Holt mich hier raus!",
bettelt Kerk mit matter Stimme.
Er hat die ganze Nacht
in der nassen Grube verbracht
und klappert vor Kälte
mit den Zähnen.
Seitdem erzählt man sich
an den Feuern
die Geschichte von Kerk,
dem Schlammspringer.
Und vielleicht hat sie
vor langer, langer Zeit
ein Junge wie Rion
an eine Höhlenwand gezeichnet.
Wer weiß das schon?

☞ Was zeigen die Zeichnungen
   in der Höhle?

Emonis und das Sternenkraut

„Papa ist wieder da!",
ruft der kleine Lück.
Er freut sich so,
dass er beinahe über den Topf
mit den Waldbeeren stolpert.
Glücklich fällt er seinem Vater
um den Hals.
Die Jäger sind zurückgekommen.
Sie ziehen ein junges Mammut
hinter sich her.
Eine seltene Beute!

Jetzt erst entdeckt Emonis,
dass ihr Vater humpelt.
Er scheint starke Schmerzen
zu haben.
Bei jedem Schritt
zuckt er zusammen.
Aufgeregt eilt die Mutter herbei,
um ihn zu stützen.
Doch als Emonis ihren Vater
voll Sorge ansieht,
versucht er sogar zu lächeln.
„Es ist nicht weiter schlimm",
beruhigt er seine Tochter.
„Ein paar Tage Ruhe,
und die Wunde ist verheilt."

„Dein Vater hat Glück gehabt",
sagt ein anderer Jäger.
„Wenn er nicht so stark wäre,
hätte ihn das Mammut getötet!"
„Mein Papa ist stärker!",
ruft der kleine Lück.
„Stärker als das Mammut
und das Woll-Nashorn
und der Seeadler zusammen!"
Emonis ist sich da
gar nicht so sicher.
In der Nacht hört sie,
wie der Vater im Schlaf redet.
Die Mutter deckt ihn
mit einem Bärenfell zu,
weil er so zittert.
Doch sein Gesicht glüht,
als lodere in ihm ein Feuer.

Endlich fallen Emonis
die Augen zu.
Da träumt sie,
wie der Waldgeist zu ihr spricht.
„Geh zur Wiese am Waldrand",
fordert er sie auf.
„Dort findest du goldene Sternlein.
Grabe sie aus,
und bringe sie deiner Mutter.
So wird deinem Vater geholfen."
Im gleichen Moment
wacht Emonis auf.

Die Worte des Waldgeistes
sind verwirrend.
Aber sie weiß,
dass sie ihnen folgen muss,
wenn sie ihren Vater retten will.
Aber was sind das für Sterne,
von denen der Geist
gesprochen hat?
Auf leisen Sohlen
schleicht sie sich aus dem Zelt.
Mondschein erhellt die Nacht
und weist ihr den Weg.
Emonis fühlt,
wie ihr Herz schneller schlägt,
je weiter sie sich
vom Lager entfernt.
Doch sie darf nicht aufgeben.
Sie ist fast am Ziel.

Da – die Sternlein
zum Ausgraben!
Natürlich, das Kraut
mit den kleinen gelben Blüten!
Was sonst
hat der Waldgeist gemeint!
In Windeseile gräbt Emonis
eine Pflanze aus.
Sie hat keine Zeit zu verlieren.

Zurück im Zelt,

nimmt ihre Mutter dankbar

das Sternenkraut in Empfang.

Sie spaltet die Wurzel

und legt sie

auf die Wunde des Vaters.

Und als er am nächsten Morgen

die Augen aufschlägt,

sind sie schon viel klarer.

Beinahe so klar

wie die Augen des Seeadlers.

☞ Wie hilft Emonis ihrem Vater?

Die geheimnisvolle Höhle

Umin und Mura
spielen am liebsten dort,
wo der Wald
den Berg hochkriecht.
Denn dort können sie sich
wunderbar verstecken.
Sie sind geschickte Kletterer
und immer auf der Suche
nach Nischen und Höhlen.

„Hörst du das auch?",
fragt Umin einmal,
als sie wieder
auf Entdeckungs-Reise sind.
Mura spitzt die Ohren
und hält den Atem an.
„Ja", sagt sie.
„Da heult etwas
wie ein trauriger Wind."
„Jetzt knurrt es", bemerkt Umin.
„Wie ein böser Bär."

36

„Und es keucht
wie ein wütender Berggeist.
Da, aus der Höhle dort!",
flüstert Mura ängstlich.
„Wir müssen Vater holen
und Onkel Falbo."

Im Lager herrscht gleich
große Aufregung.
„Wir sollten dem Berggeist
ein Geschenk bringen",
schlägt Falbo vor.
„Das wird ihn beruhigen."

„Und wenn es ein Bär ist?",
fragt Bigor,
Umins und Muras Vater.
„Dann werden wir ihn
aus der Höhle locken
und ihm Beine machen",
antwortet Falbo.
Er kann es gar nicht erwarten,
seine neue Steinaxt
auszuprobieren.
Vorsichtshalber nimmt er auch
seinen besten Speer mit.
Bigor geht
mit einer Fackel voran.
Es dauert nicht lange,
da stehen sie vor der Höhle
und lauschen
den unheimlichen Geräuschen.

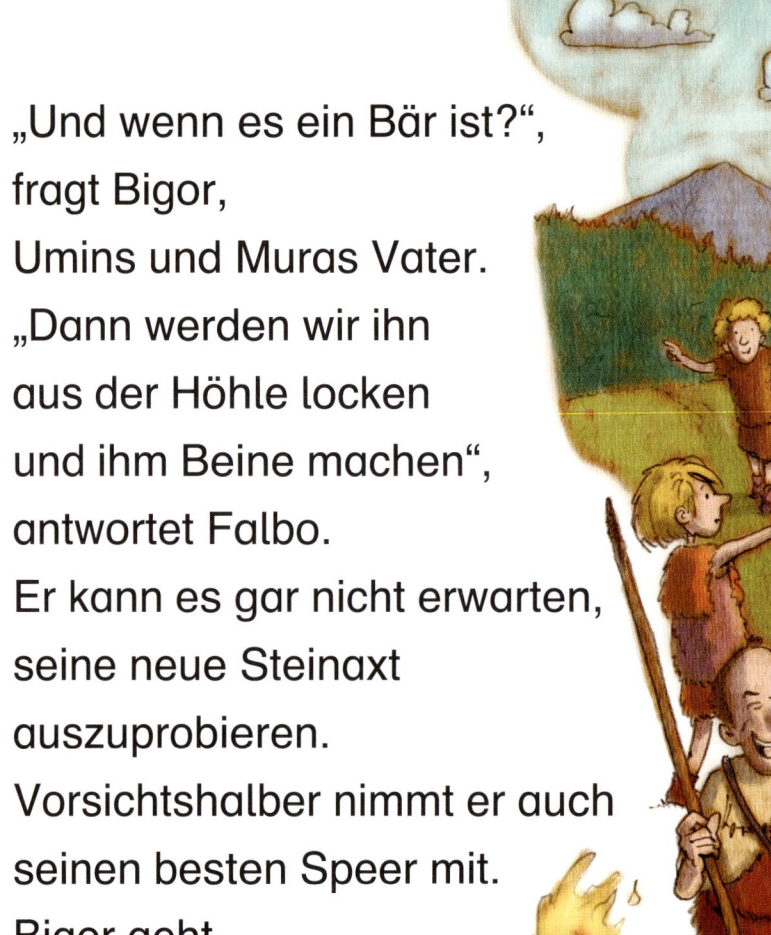

Ein Heulen und Kratzen,
ein schnarrendes Knurren,
das von allen Seiten
zu kommen scheint.
Falbo zögert nicht lange
und wirft einen Beutel
mit verfaulten Fischköpfen
in die Höhle.
„Das wird den Berggeist
besänftigen", quakt Falbo,
während er sich
die Nase zuhält.

Aber nichts tut sich.

Ganz im Gegenteil.

Das Knurren wird lauter,

wird zu einem kehligen Gewinsel.

„Wenn das kein Bär ist,

fress ich die Fischköpfe!",

sagt Bigor.

Er holt zwei Knochen

aus seiner Tasche

und hält sie Falbo

unter die Nase.

„Wer den großen Knochen zieht,

geht als Erster in die Höhle",

schlägt er vor.

Aber als Falbo

den kleinen Knochen zieht,

hat Bigor

sofort eine bessere Idee:

„Wir machen lieber
ein Feuer und warten.
Morgen früh kriegt
der Bär Hunger
und kommt
von ganz alleine raus."
So sitzen sie geduldig
in der Nähe der Höhle.
Bis es Nacht wird
und ihnen die Augen zufallen.

Am nächsten Morgen
wacht Mura plötzlich auf,
weil ihr jemand kräftig
in die Waden zwickt.
Gerade will sie losschimpfen,
da entdeckt sie
einen jungen Schakal.
Neugierig schnuppert er
an ihrem Fuß.

Und als Mura
dem kleinen Kerl
sanft über das Fell streichelt,
drückt er seine nasse Schnauze
gegen ihre Wange.
Umin und Bigor
staunen nicht schlecht,
und Falbo sagt lachend:
„Das ist der putzigste Bär,
den ich je gesehen habe."

☞ Warum wacht Mura plötzlich auf?

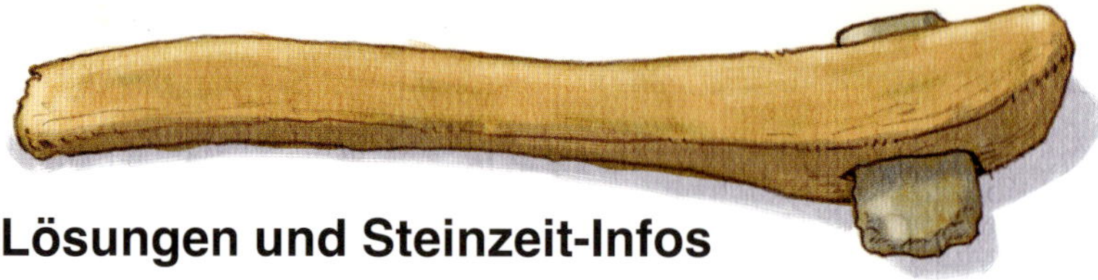

Lösungen und Steinzeit-Infos

Die Magie des Feuers

Lurini ist so verzweifelt, weil das Feuer
ausgegangen ist und sie nicht weiß,
wie sie es wieder anzünden kann.

Info:

In der Altsteinzeit waren die Menschen Jäger
und Sammler.
Sie waren nicht sesshaft und zogen umher,
um Beeren zu sammeln und Tiere zu jagen.
Später, in der Jungsteinzeit, lebten sie schon
in kleinen Gemeinschaften. Sie bauten
Getreide an und hielten Haustiere.
Aus den Jägern wurden dadurch Bauern.
Ohne das Feuer hätten die Menschen in der
Steinzeit nicht überleben können.
Das Feuer schützte sie vor den wilden Tieren.
Es diente auch zum Erhitzen der Nahrung, und
in den kalten Wintern konnten sich die
Menschen am Feuer wärmen.

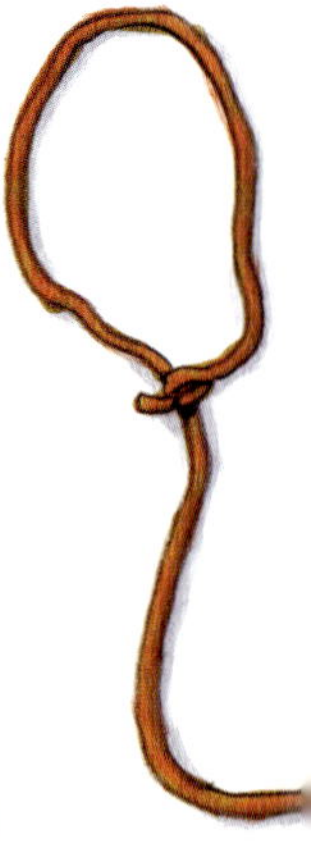

Eine ganz besondere Mammutgrube

Sie zeigen den Pfad, den die Mammutherde nehmen wird.

Info:

In vielen Höhlen hat man Zeichnungen gefunden, die aus der Steinzeit stammen. Forscher haben herausgefunden, dass die Steinzeit-Künstler sie mit Kohle, Kreide und selbst gemachten Steinfarben auf die Felswände gemalt haben. Vielleicht sollten sie den Jägern Glück bringen oder auch wichtige Informationen geben, wie die Zeichnungen in der Höhle, die Rion entdeckt hat. Meist sind Tiere und Jagdszenen dargestellt und manchmal auch Symbole. So vermutet man, dass ein O die Sonne sein soll. Viele Symbole aber werden uns wohl immer ein Geheimnis bleiben.

Emonis und das Sternenkraut

Das Mädchen Emonis befolgt die Worte des Waldgeistes und holt das Sternenkraut.

Info:

In der Steinzeit konnten die Menschen nicht auf Medikamente zurückgreifen, wie sie uns heute zur Verfügung stehen. Doch sie konnten das nutzen, was ihnen die „Natur-Apotheke" anbot.
Das Sternenkraut, das Emonis findet, heißt Blutwurz. Es kann helfen, Blutungen zu stillen und Entzündungen abklingen zu lassen. Es hat kleine gelbe Blüten, die aussehen wie Sterne. Kräuter aus der „Natur-Apotheke" werden auch Heilkräuter genannt.